für Ambrosia und Gerhard

Annemarie Zeyen

ZWISCHEN ROSEN UND RADIESCHEN

Selbstgezogene Gebete

VORWORT

Alles, was uns begegnet,
was uns anspricht und trifft,
kann Bild und Gleichnis werden,
kann uns etwas lehren.
Eine tiefere Wirklichkeit,
die unter allem liegt,
schimmert durch die Gegenstände des Alltags,
wenn wir sie nur lange genug betrachten.
Mit Fantasie und einer Prise Humor
finden wir unvermutet Sinn.
Und wie, wenn nicht im Gespräch mit dem,
der Sinn schenkt,
sollen wir ihn erschließen?

BINDEDRAHT

Manchmal wird es zu eng, Herr.
Doch gehören beide – Draht und Stängel –
zusammen als Partner,
jeder an seinem Platz.
Sie wissen, dass sie beide gerade stehen
und nach oben schauen möchten.
Und trotzdem streben sie
immer wieder auseinander.
Jeder will sich eben
in seiner Individualität entwickeln
und weiterkommen – nach oben
und zur Seite.
Vor allem das Sich-Breitmachen
auf Kosten des anderen
bringt die Konflikte.
Da ist so ein Draht zueinander,
der trotz allem da ist,
von entscheidender Bedeutung,
und du, Herr, freust dich
auf die Früchte.

BLUMENSCHERE

Ein Werkzeug in einer guten Hand,
das möchte ich sein, Herr.
Und ich möchte von Güte geleitet werden,
wenn ich arbeite, zurechtstutzen und
etwas wegschneiden muss, damit Neues,
Wunderschönes wachsen kann.
Wir kennen das ja:
Von so manch Altem, Verdorrtem, Störendem
und trotzdem Liebgewonnenem
heißt es Abschied nehmen,
um sich entwickeln zu können.
Planvoll die richtigen Schnitte tun,
das bedeutet, der Zukunft
auf die Sprünge zu helfen.
Ob ich's immer richtig treffe?
Abgeschnitten ist abgeschnitten.
Herr, wenn du meine Hand führst,
wird es gut,
kann ich
voll Optimismus, Zuversicht und Vorfreude sein
auf das, was kommt.

BLUMENZWIEBEL

Ich habe alles, was ich brauche, Herr,
du hast mich voll ausgestattet.
Geschützt von zahlreichen Häuten,
die mich umgeben, kann
niemand mich durchschauen –
bis auf einige wenige – und du.
Doch in meinem Inneren
wächst das heran,
für das ich bestimmt bin:
Dass alle Schönheit, alles Können,
aller Duft in mir zum Leben gelangt,
dass die Welt mit meiner Blüte
noch ein wenig schöner
und angenehmer wird.
Ein gutes Gefühl, Herr!
Andererseits sehe ich rechts und links
immer auch andere Zwiebeln,
die versuchen, aus sich herauszuwachsen,
aber nie zur Blüte kommen.
Ihnen schenke guten Boden, Herr,
und die Fähigkeit,
sich anzunehmen, wie sie sind.
Du machst sie ganz.

BRUNNEN

Herr, so möchte ich sein:
Die Menschen, die zu mir kommen,
sollen erfrischt wieder von mir gehen.
Die, die durstig sind,
sollen das finden, wonach sie dürsten.
Ich möchte dort kühlen,
wo die Gemüter sich erhitzt haben,
und die nass spritzen,
die meinen, im Trockenen zu sitzen.
Ich möchte denen, die tief schöpfen,
den Eimer bis zum Rand füllen,
und die, die nur
an der Oberfläche schwimmen,
spüren lassen, wie köstlich
das Wasser aus der Tiefe ist.
Ich möchte, dass jeder, der kann,
das Wasser selbst heraufpumpt –
auch wenn es Anstrengung kostet –
und spürt, wie gut es tut, aus dem Vollen zu schöpfen.
Und die, die müde geworden sind,
sollen einen sprudelnden Quell erleben,
der ihnen geschenkt wird.
Ja, und dich, Herr, werden sie trinken.

GARTENBANK

Ruhe finden, Herr, ein wenig Stille,
das möchte ich meinem Gast schenken.
Er soll sich wohlfühlen bei mir,
umgeben von Wärme.
Halten möchte ich ihn und ihm Stütze sein,
anlehnen soll er seinen schmerzenden
Rücken, der so viel zu tragen hat.
Ich wünschte, mein Gast gäbe seinen Sinnen
Gelegenheit, das Leben zu fühlen.
Er möge sich die Zeit nehmen,
voll Lust den Duft der Blüten zu genießen
und im Gesang der Vögel zu träumen.
Jeder braucht von Zeit zu Zeit
eine Gartenbank der Ruhe,
und so ein Gartenbankdasein ist
ein einziges Geschenk,
auch wenn dazugehört, sich
dem Wind und dem Wetter auszusetzen.
Herr, was wiegt das schon gegen die
Freude, ein wenig
Alltagsglück zu schenken?

GARTENHANDSCHUHE

Am liebsten möchte man es, Herr,
aber man kann es nicht immer:
Das, was man eigentlich liebt,
mit Samthandschuhen anfassen,
es berühren und streicheln.
Doch was hilft es,
wenn die Dornen zu spitz
und die Stacheln zu verletzend sind?
Dann ist Widerstand nötig,
ein verlässlicher Schutz in der Hinterhand,
um unnötige Wunden zu verhindern.
Gartenhandschuhe lassen dich
Dinge anfassen, die mit Angst besetzt sind.
Wildwuchs muss eben beschnitten,
Wege müssen freigehalten und
Verletzungsgefahren beseitigt werden.
Sich davor zu drücken hieße,
den Garten verkommen zu lassen.
Samthandschuhe sind sensibel,
zart und liebevoll.
Gartenhandschuhe sind robust
und packen manchmal eher grob zu.
Und gründlich!
Beides brauchen wir, Herr,
nicht wahr, deshalb gibt es beide!

GARTENSCHLAUCH

Oft hänge ich leer und müde herum, Herr,
und komme mir so nutzlos und lahm vor.
Dabei weiß ich: Wenn ich selbst mit
erfrischendem Wasser gespeist werde,
kann ich geben ohne Ende.
Dann beflügelt mich eine Kraft,
über die ich selbst nur staunen kann.
Wie schön ist es,
den Durst meiner Umgebung
stillen zu können,
zu sehen, wie Leben wachsen kann
durch den Regen, den ich ausgieße!
Ich muss aufpassen,
dass ich mich dann nicht zu wichtig nehme,
dass ich nicht meine Macht spüren lasse.
Denn eigentlich bin ich ja
nur ein Gefäß, eine Durchleitung,
ein Werkzeug dessen,
der in Wahrheit Wasser und Leben schenkt.
Herr, vielleicht ist es deshalb wichtig,
dass ich manchmal einfach nur
herumhänge.

GARTENSTIEFEL

Meine Sohlen brauchen das richtige Profil, Herr,
das ist überaus wichtig,
denn sonst verliere ich das Gleichgewicht
im rutschigen Matsch
und durch die glitschigen Pfützen
meines Lebens.
Wenn ich Halt habe,
kann ich dem, der mir vertraut,
Schutz, Halt geben.
Denn er verlässt sich auf mich,
ich möchte ihn nicht enttäuschen.
Mit ihm durch den Garten zu gehen,
gemeinsam
durch dick und dünn,
das macht stark und ist,
wenn auch oft mühsam,
doch wunderschön.
Manche meinen vielleicht,
ich sei nicht ganz dicht,
doch das kommt vom zunehmenden
Alter, von ständiger Belastung und Abnutzung.
Aber wir kennen unsere Stärken
und wollen auf unsere Kameradschaft
nicht verzichten.

GARTENZAUN

So ein Zaun muss sein, Herr,
denn allen so ganz ungebremst Zugang
zu allem zu gewähren,
nein, das ist zu viel verlangt.
Das Innere meines Gartens ist schön,
viele interessante Gewächse,
Blüten und Früchte birgt er,
aber nur wenige erleben
seinen ganzen Reichtum.
Du, Herr, kennst ihn.
Es gibt auch einige unaufgeräumte Stellen,
die ich vor fremden Blicken schütze.
Es braucht Zeit, um Ordnung zu schaffen.
Da ist es besser, wenn niemand stört.
Manchen erscheint ein Zaun nur als Hindernis,
aber mein Garten ist angewiesen
auf einen Wächter seiner Stille.
Zur richtigen Zeit wird sich das Tor öffnen.
Dann sei du, Herr, der Schutz.

GIESSKANNE

Da stehe ich inmitten meiner
wunderschönen und manchmal auch
hässlichen Umgebung und frage mich:
Wie kann ich alles erhalten?
Was kann ich tun, um Leben zu ermöglichen?
Wenn du mich füllst, Herr,
kann ich mich verschenken.
Die kleinen Pflänzchen
warten sehnsüchtig auf mich,
und die großen freuen sich
über eine Erfrischung.
Nicht jeder bekommt das Gleiche.
Dazu reicht es meistens nicht.
Aber halte meinen Blick offen, Herr,
dass ich entdecke, was die,
die mir begegnen,
gerade am nötigsten brauchen.
Und wenn sie so viel Kraft haben,
dass sie alleine stehen und leben können,
dann trete ich zurück
und bin immer noch ein Schmuckstück
inmitten blühenden Lebens.

HUMUSERDE

In mir kribbelt und wimmelt
es von Leben, Herr,
ich fühle mich voll Kraft,
stark genug,
dass ich anderen beim
Größerwerden Grund und
Hilfe sein kann.
Sie sollen keimen, wachsen,
über sich selbst hinauswachsen,
und selbst wieder Nahrung für andere werden.
Es ist so schön,
das, was man liebt,
schützend und wärmend zu umhegen,
Raum und Heimat zu geben.
Es tut so gut,
zu schenken, ohne zu rechnen.
So muss es dir mit uns gehen, Herr.
ich fühle mich geborgen bei dir.

LEITER

Den Überblick haben,
Tritt für Tritt dem Alltag entfliehen,
Herr, wer möchte das nicht!
Eine Leiter ist dabei eine echte Hilfe.
Sie zeigt den Weg,
bietet den Füßen Stütze und Halt.
Und oben kommen die Kletterer
an Bereiche heran,
die ihnen immer als zu hoch erschienen.
Sie können Entdeckungen machen
an sich und anderen,
die ihre Vorstellungen „übersteigen“.
Sie können die Früchte ernten,
die gewachsen sind, während
sie sehnsüchtig nach oben blickten.
Natürlich braucht auch die Leiter
einen festen Stand,
denn um Verantwortung tragen zu können,
muss man in sich selbst ruhen.
Herr, sei immer dann,
wenn ich Leiter bin und sein darf,
mein Halt und Stand.

RASENMÄHER

Ordnung möchte ich schaffen, Herr.
Es soll adrett und nett aussehen,
geputzt und gepflegt.
Für wen eigentlich?
So tief in meinem Inneren
tut es mir leid
um die vielen Veilchen,
den Löwenzahn und die Gänseblümchen,
um die Lebendigkeit, die rundherum sprießt.
Opfere ich das Leben der Ordnung?
Es ist so leicht,
alles über einen Kamm zu scheren,
immer zu wissen,
wie alles aussehen sollte,
nie die Zwischentöne zu betrachten,
sondern nur in Erwünschtes
und Unerwünschtes
zu unterteilen.
Urteile sind so einfach,
das Leben aber so überbordend reich.
Herr, lass mich bereit sein,
neue Schönheit zu entdecken.

RECHEN

Herr, die dicken Problemklumpen,
die vor mir liegen,
machen mir immer wieder Angst.
Die Aufgabe erscheint mir zu groß
und meine Kraft zu klein.
Das Geheimnis ist aber eigentlich
gar nichts Besonderes:
Ich muss sie zerlegen,
die Klumpen, die mir aufs Gemüt drücken,
Stück für Stück kleiner machen,
anschauen, drehen, bewegen und wenden,
bis ich mit Erstaunen feststelle,
dass aus dem Riesenproblem
kleine Krumen und ein geebneter Boden
geworden sind.
Ich weiß auch, dass ein paar Brocken
auf meinem Weg meine Kräfte überforderten.
Ich musste das einfach anerkennen
und sie liegen lassen
damit ich bleiben konnte, wie ich bin,
ohne mich zu verbiegen.
Gib mir die Kraft, Herr, auch Nein zu sagen.

Und manchmal, wenn es zu schwer wird, Herr,
dann hilf mir, Hilfe anzunehmen.
Ich bin nicht allein.

SCHUBKARRE

Ach Herr, ich habe
schon manche Last getragen.
Ich kann auch nicht ganz sauber bleiben
in so einem Leben,
verbeult, verkratzt und abgeschabt
komme ich mir oft vor.
Hart zu arbeiten
verschafft einem zwar auch
ein Gefühl der Befriedigung,
aber der Preis dafür ist hoch.
Was für ein Eigenleben
wird einem schon zugestanden?
Kein Wunder, dass es passieren kann,
dass aus den abgefahrenen Reifen
die Luft entweicht
und ich einfach nur stehen bleibe!
Gibt es dann jemanden,
dem ich wichtig genug bin,
mich generalzuüberholen
und den Reifen zu flicken?
Du, Herr, siehst mich an,
schenkst mir Ansehen
in meiner alten Verbeultheit.

SPATEN

Was tun, wenn der Boden
verhärtet ist und nur Unkraut wächst?
Was tun, wenn das eigene Beet
nicht gepflegt ist
und der Garten zu verkommen droht?
Dann, Herr, braucht es jemanden,
der nicht nur zärtlich-oberflächlich
an der Krume zupft.
Dann muss geholfen werden,
das Untere nach oben
und das Obere nach unten zu kehren,
dann heißt es Klartext leben,
das Unkraut entschlossen herausziehen.
Ein ganzes, bequemes Biotop wird gestört,
das tut weh.
Aber danach ist es wunderbar.
Der gute, fette Mutterboden,
gedüngt und glattgeharkt,
wartet nur darauf,
den Samen aufzunehmen,
Frucht hervorzubringen,
seinem Sinn zu entsprechen.
Ja, Herr, manchmal ist ein
geplantes, kurzes Chaos
besser als jahrelanges Zuwarten.
Man wird schmutzig dabei,
aber auch zufrieden.

TEICH

Es piept und zirpt und zwitschert
und quakt, huscht und flattert.
Trotzdem genießt jeder, der kommt,
die Oase der Ruhe und Besinnung.
Sich selbst zu spiegeln,
sich selbst besuchen zu können,
dazu möchte ich Hilfestellung geben, Herr.
Das, was mich selbst aufwühlt
bei Wind und Regen,
das muss ich klären,
damit der, der kommt,
Ruhe finden kann.
Mein Leben soll etwas vom Himmel abbilden,
Geborgenheit, liebende Wärme
und Heimat.
Herr, du weißt,
wie selten ich so ein friedliches Biotop bin,
das ich sein möchte.
Aber geh mit mir die Schritte
in die Stille.

VOGELSCHEUCHE

Manchmal komme ich mir wirklich
nicht nur äußerlich,
sondern vor allem auch innerlich
wie eine Vogelscheuche vor, Herr.
So, als würde ich alles von mir
abspreizen wollen, damit niemand
im Entferntesten auf die Idee kommt,
mir nahe sein zu wollen.
Meine Umgebung ist dann
garantiert ärgerfrei und menschenleer
- und einsam!
Denn eigentlich ist meine zur Schau
gestellte Abwehr ja doch nur
ein stummer Hilferuf,
eine Bitte um Geduld,
wenn ich überfordert und leer bin.
Dann möchte ich Ruhe,
einfach nur Ruhe und ein bisschen
Geborgenheit, Herr.
Ist denn das zu viel verlangt?
Nach einiger Zeit lasse ich dann
auch wieder alle, die ich ja eigentlich mag,
in meinen Garten.

Annemarie Zeyen, geboren 1954, ist Religionspädagogin und Altenpflegerin. Zur Zeit arbeitet sie als Altenpflegerin in einer Sozialstation.

Von Annemarie Zeyen ist im Verlag am Eschbach lieferbar:
Da steckt viel Glück dahinter (Mini 70063).

Mit Bildern von:
plainpicture/amanaimages und pRinaH/photocase.com (Umschlag-Mix), cydonna/photocase.com (S. 3), rokit.de/photocase.com (S.4), designritter/photocase.com (S. 7), bisgleich/photocase.com (S. 8), GoodwinDan/photocase.com (S. 11), Pepie/Fotolia.com (S. 12), Alterfalter/Fotolia.com (S. 15), gerhard64/photocase.com (S. 16), Mella/photocase.com (S. 19), infiltrant/photocase.com (S. 20), suze/photocase.com (S. 23), Gunnar Assmy/Fotolia.com (S. 24), Lugat/photocase.com (S. 27), TimToppik/photocase.com (S. 28), kallejipp/photocase.com (S. 31), siebensieben/photocase.com (S. 32), Carola Schubbel/Fotolia.com (S. 35), bellaluna/photocase.com (S. 36), Andrew Kazmierski/Fotolia.com (S. 39).

Bibliographische Information der Deutschen Nationalbibliothek:
Die Deutsche Nationalbibliothek verzeichnet diese Publikation in der Deutschen Nationalbibliographie; detaillierte Daten sind im Internet über http://dnb.d-nb.de abrufbar.

ISBN 978-3-86917-121-0

Im Alten Rathaus/Hauptstr. 37
D-79427 Eschbach/Markgräflerland

www.verlag-am-eschbach.de

Gestaltung, Satz und Repro: Finken & Bumiller, Stuttgart.
Schriftvorlagen: Petra Eva Hauser, Münstertal.
Herstellung: Druckwerke Reichenbach, Reichenbach/Vgtld.